BEI GRIN MACHT SICH IHR WISSEN BEZAHLT

- Wir veröffentlichen Ihre Hausarbeit, Bachelor- und Masterarbeit

- Ihr eigenes eBook und Buch - weltweit in allen wichtigen Shops

- Verdienen Sie an jedem Verkauf

Jetzt bei www.GRIN.com hochladen und kostenlos publizieren

Bibliografische Information der Deutschen Nationalbibliothek:

Die Deutsche Bibliothek verzeichnet diese Publikation in der Deutschen Nationalbibliografie; detaillierte bibliografische Daten sind im Internet über http://dnb.d-nb.de/ abrufbar.

Dieses Werk sowie alle darin enthaltenen einzelnen Beiträge und Abbildungen sind urheberrechtlich geschützt. Jede Verwertung, die nicht ausdrücklich vom Urheberrechtsschutz zugelassen ist, bedarf der vorherigen Zustimmung des Verlages. Das gilt insbesondere für Vervielfältigungen, Bearbeitungen, Übersetzungen, Mikroverfilmungen, Auswertungen durch Datenbanken und für die Einspeicherung und Verarbeitung in elektronische Systeme. Alle Rechte, auch die des auszugsweisen Nachdrucks, der fotomechanischen Wiedergabe (einschließlich Mikrokopie) sowie der Auswertung durch Datenbanken oder ähnliche Einrichtungen, vorbehalten.

Impressum:

Copyright © 2017 GRIN Verlag, Open Publishing GmbH
Druck und Bindung: Books on Demand GmbH, Norderstedt Germany
ISBN: 9783668544260

Dieses Buch bei GRIN:

http://www.grin.com/de/e-book/375052/individueller-trainingsplan-bei-einem-supinationstrauma

Katrin Kruber

Individueller Trainingsplan bei einem Supinationstrauma

GRIN Verlag

GRIN - Your knowledge has value

Der GRIN Verlag publiziert seit 1998 wissenschaftliche Arbeiten von Studenten, Hochschullehrern und anderen Akademikern als eBook und gedrucktes Buch. Die Verlagswebsite www.grin.com ist die ideale Plattform zur Veröffentlichung von Hausarbeiten, Abschlussarbeiten, wissenschaftlichen Aufsätzen, Dissertationen und Fachbüchern.

Besuchen Sie uns im Internet:

http://www.grin.com/

http://www.facebook.com/grincom

http://www.twitter.com/grin_com

Einsendeaufgabe

Fachtrainer für Sportrehabilitation

Kruber, Katrin

Inhalt

1. Anamnese 1
2. Messungen 2
3. Haltungsinspektion 3
4. motorische Tests 3
5. Zielsetzung 3
6. Übungen 4
7. Literaturverzeichnis 6
8. Abbildungsverzeichnis 6

1. Anamnese

Der Klient ist 32 Jahre alt, 185 cm groß und 80 kg schwer. Beruflich übt er eine sitzende Tätigkeit aus, in seiner Freizeit spielt er Fußball. Er trinkt nicht, leidet nicht an Asthma und es liegen weder Stoffwechsel- noch sonstige Vorerkrankungen vor; er nimmt keinerlei Medikamente ein und leidet auch nicht unter Bluthochdruck.

Bei einem Fußballspiel ist er vor zwei Monaten mit dem rechten Fuß umgeknickt und hat ein Supinationstrauma erlitten; es kam zu einer partiellen Ruptur: Das Ligament zwischen Talus und Fibula ist gerissen.

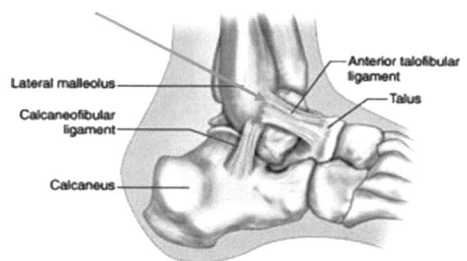

Abbildung 1: Ligamente im Fuß

Aufgrund dieses Risses war das obere Sprunggelenk instabil und überbeweglich[1].

Bei einem Supinationstrauma treten folgende Symptome auf[2]:

- Schmerzen bei Belastung und Bewegung
- Druckschmerz
- Schwellung im Bereich des Außenknöchels
- Bluterguss
- Instabilität
- Aufklappbarkeit
- positive Schublade

Mithilfe einer Röntgenaufnahme kann eine etwaige Fraktur gut beurteilt werden. Wird ein MRT angefertigt, ist es zudem möglich, zu beurteilen, ob und welche Weichteile Schäden genommen haben.

Unmittelbar nach Erleiden eines Supinationstraumas ist die sog. PECH-Regel anzuwenden; diese sieht im Einzelnen vor:

---

[1] Buchbauer/Steininger, Funktionelles Kraftaufbautraining in der Rehabilitation, Seite 51
[2] Plesch/Sieven/Trzolek, Handbuch Sportverletzungen, Seite 89

- Pause einlegen
- Betroffenes Körperteil kühlen („Eis")
- Druckverband anlegen („Compression")
- Hochlagern des verletzten Körperteils

Zusätzlich sollte der verletzte Fuß – mit beispielsweise einer Gehstütze – entlastet werden.

Der Klient teilt mit, dass genau so nach seiner Verletzung verfahren wurde. Nach der Diagnose durch einen Arzt, die durch bildgebende Verfahren, einem Funktionsbefund und Tests (wie z. B. dem Schubladentest) erhoben wurde, wurde die Behandlung durch Physiotherapie eingeleitet. Es ist nicht unüblich, dass Sprunggelenksverletzungen operativ behandelt werden; im vorliegenden Fall wurde sich jedoch für eine konservative Behandlung entschieden.

Neben der Schmerzreduktion waren die Schulung der Koordination, die Mobilisation, der Aufbau von Muskelkraft und die Verbesserung der Beweglichkeit Ziele der physiotherapeutischen Behandlung.[3]

Der Klient ist inzwischen schmerzfrei, kann das Fußgelenk wieder vollumfänglich bewegen und belasten; er hat die ihm verordnete Physiotherapie vollständig absolviert. Das wieder zusammengewachsene Band ist allerdings noch sehr schwach und somit instabil.

Um seinen Fuß weiter zu stabilisieren und eine erneute Bänderruptur bzw. –verletzung vorzubeugen, möchte der Klient mit entsprechendem Training beginnen; hierfür ist er bereit, zwei Mal die Woche zu trainieren.

2. Messungen

Die Messung des Ruhepulses ergab einen Wert von 60 Schlägen/Minute. Der Blutdruck wurde ebenfalls gemessen und ergab einen Wert von 120/80 mmHg.

Mit den vom Klienten mitgeteilten Daten zu Körpergröße und –gewicht, die sich bei der Messung im Rahmen der Anamnese bestätigten, wurde außerdem der BMI (= Body Mass Index) ermittelt; dieser liegt bei 23,4.

Die Werte des Kunden liegen allesamt im Normbereich: Der Ruhepuls ist ebenso in Ordnung wie der ermittelte Blutdruck. Auch der ermittelte BMI liegt für einen Mann in dem Alter des Kunden im Normbereich.

---

[3] Plesch/Sieven/Trzolek, Handbuch Sportverletzungen, Seite 90

3. Haltungsinspektion

Sowohl in der Frontalebene vorne als auch hinten weist der Klient keine Schiefstellungen auf. Auch weitere Auffälligkeiten konnten nicht festgestellt werden:

Der Klient steht im schulterbreiten Stand gleichmäßig auf dem Boden, ein deutliches Abknicken ist weder im gesunden noch im geschädigten Fuß zu erkennen. Er verfügt weder über O- noch über X-Beine und die Kniegelenke befinden sich auf einer Höhe. Weder das Becken noch die Schultern des Klienten weisen einen Höhenunterschied auf. Den Kopf hält er gerade.

In der Sagitalebene gibt es ebenfalls keine Auffälligkeiten; das Körperlot von Fußgelenk, Knie, Hüfte, Schulter und Ohr hält der Kunde ein.

Bei der Ganganalyse fällt allerdings auf, dass der Klient mit dem rechten – dem geschädigten – Fuß, behutsamer bzw. vorsichtiger auftritt. Ich gehe erst einmal davon aus, dass dies an der Tatsache liegt, dass die Verletzung, einhergehend mit den damals empfundenen Schmerzen, noch relativ frisch im Gedächtnis des Klienten verankert ist. Auch das Wissen, dass das gerissene Ligamentum noch schwach ist, dürfte diese Schonhaltung (bzw. „Schonnutzung") verstärken.

4. motorische Tests

Grundsätzlich sollen zu Beginn einer Trainingsaufnahme Tests zur Leistungsfähigkeit von Kunden durchgeführt werden; einerseits, um das Training optimal planen und Fortschritte messbar machen zu können, andererseits aber auch zur Motivation. Aufgrund der Tatsache, dass es sich hier „nur" um eine Einsendeaufgabe mit einer Seitenzahlbegrenzung von sieben Seiten handelt, werde ich beim Klienten in diesem Fall keine motorischen Tests vornehmen.

5. Zielsetzung

Das Ziel des Kunden ist bereits klar formuliert: Er möchte sein ehemals verletztes Sprunggelenk muskulär stabilisieren. Hierzu werden an die Ziele der Physiotherapie, nämlich der Schulung der Koordination, der Aufbau der Muskelkraft und auch der Mobilisation, angeknüpft.

Die vor einer Trainingsaufnahme durchzuführenden Tests geben grundsätzlich die Zielrichtung der zu stärkenden Muskulatur vor. Bei der Prävention und Rehabilitation von Supinationstraumen ist jedoch die Schulung der Sensomotorik ein wichtiger Bestandteil.[4] Aus diesem Grunde sind die ausgewählten Übungen einerseits koordinative Übungen, andererseits Übungen, die die gesamte Fuß- und Unterschenkelmuskulatur zur Stabilisation des Fußes stärken.

---

[4] vgl. Plesch/Sieven/Trzolek, Handbuch der Sportverletzungen, Seite 92

6. Übungen

Da die Zielmuskulatur die Fußgelenksmuskulatur ist, sollten alle Übungen barfuß durchgeführt werden. Dadurch wird vermieden, dass durch einen Schuh eine Stabilität vorhanden ist; denn es ist ja gerade das Ziel, durch die eigene Muskelkraft das Fußgelenk zu stabilisieren.

- Einbeinstand

    Der Einbeinstand kann je nach Schwierigkeitsgrad auf dem Boden, einem Therapiekreise, einer Airex-Matte, einem Wackelbrett, einem AirStepper oder einem Mini-Trampolin gemacht werden.

    Ziel ist es, das Fußgelenk zu stabilisieren und die hierfür verantwortliche Muskulatur entsprechend zu stärken. Auch die Propriozeption wird geschult. Hierfür könnte zusätzlich beispielsweise der Einbeinstand mit geschlossenen Augen durchgeführt werden (fortgeschrittene Methode).

- Laufen auf einem Mini-Trampolin

    Durch das Laufen wird ebenfalls die fußgelenkstabilisierende Muskulatur gestärkt. Zudem kann das Abrollverhalten sowie wiederum die Propriozeption geschult werden.

- Zehengreifer[5]

    Der Klient steht hierzu aufrecht am Mattenrand, die Fersen berühren die Matte nicht. Er hat nun die Aufgabe, die Fersen abzuheben; die Zehen sollen dabei in die Matte greifen („Matte mit den Zehen greifen").

    Ziel ist es auch hier, die Fußmuskulatur, die das obere (und das untere) Sprunggelenk stabilisiert, zu kräftigen.

---

[5] Buchbauer/Steininger, Funktionelles Kraftaufbautraining in der Rehabilitation, Seite 49

Fußgelenkpronation und -supination[6]

Für die Pronationsübung steht der große Zeh und die Hälfte der Ferse auf dem Mattenrand, der Klient steht aufrecht. Seine Aufgabe ist es nun, den Fußaußenrand, mit dem kleinen Zeh, zu heben.

Bei der Supinationsübung steht der Klient wieder mit dem „halben" Fuß auf der Matte, nur, dass jetzt der große Zeh und die Hälfte der Ferse nicht auf der Matte stehen. Nun soll der Klient die Fußinnenseite heben und wieder senken; der große Zeh ist dabei mit anzuheben.

Durch diese beiden Übungen wird eine mediale bzw. laterale Instabilität der Sprunggelenke verringert.

- Dorsalflexion des Fußes[7]

Der Klient sitzt und hat die Beine ausgestreckt; die Arme sind hinter dem Oberkörper abgestützt. Der Fuß wird bei gleichzeitiger Pronation dorsal flektiert. Diese Übung kann z. B. durch ein Theraband um den Fuß erschwert werden.

Ziel dieser Übung ist die Kräftigung des M. tibialis anterior.

- Wadenheben[8]

Der Klient steht aufrecht und hüftbreit. Er hebt nun die Fersen ab und senkt sie langsam wieder.

Diese Übung kann je nach Fortschritt bzw. Leistungsfähigkeit des Klienten variiert werden: So können zusätzliche Gewichte genutzt werden, die Übung kann aber auch auf einem Bein durchgeführt werden.

Ziel dieser Übung ist die Stärkung des M. gastrocnemius.

Die Wadenmuskulatur gehört zur tonischen Haltemuskulatur, welche zu Verkürzungen neigt. Sie sollte daher bei einem umfassenden Training gedehnt werden. Zur Vermeidung von muskulären Dysbalancen und aufgrund dessen, dass auch die Schienbeinmuskulatur in dem Training gekräftigt wird, ist diese ebenfalls mit zu dehnen.

---

[6] Buchbauer/Steininger, Funktionelles Kraftaufbautraining in der Rehabilitation, Seite 50
[7] wie vor, Seite 47
[8] wie vor, Seite 48

Dehnung des M. tibialis anterior[9]

Der Klient sitzt aufrecht auf einem Stuhl und legt ein Bein gebeugt über das andere ab. Den Fuß des gebeugten Beins bringt er in eine Plantarflexion und Supination.

- Dehnung der Wadenmuskulatur[10]

Der Klient steht in einer sog. Schrittstellung; das hintere Bein ist dabei gestreckt, wobei die Ferse noch Bodenkontakt hat. Den Oberkörper legt er nun (mit geradem Rücken) nach vorne, so dass er in der Wade eine Dehnung spürt.

7. Literaturverzeichnis

- Buchbauer, Jürgen und Steininger, Kurt
  Funktionelles Krafttraining in der Rehabilitation, 7. Auflage, Elsevier GmbH, 2016
  ISBN: 978-3-437-46755-4
- Plesch, Christian; Sieven, Rainer und Trtzolek, Dieter
  Handbuch Sportverletzungen, 3. Auflage, Meyer & Meyer Verlag, 2016
  ISBN: 978-3-89899-733-1

8. Abbildungsverzeichnis

- Abbildung 1: Ligamente im Fuß
  http://www.goudelis.gr/en/content/ankle
  (letzter Zugriff: 19.04.2017)

---

[9] Buchbauer/Steininger, Funktionelles Kraftaufbautraining in der Rehabilitation, Seite 49
[10] wie vor, Seite 46

BEI GRIN MACHT SICH IHR WISSEN BEZAHLT

- Wir veröffentlichen Ihre Hausarbeit, Bachelor- und Masterarbeit

- Ihr eigenes eBook und Buch - weltweit in allen wichtigen Shops

- Verdienen Sie an jedem Verkauf

Jetzt bei www.GRIN.com hochladen und kostenlos publizieren